AF311984

UN FRANC ÉLECTEUR

A SES

CONCITOYENS.

Une élection, comme une charte, doit être une vérité.

Paris,

IMPRIMERIE DE DEZAUCHE,
RUE DU FAUBOURG-MONTMARTRE, N° 11.

1836.

UN FRANC ÉLECTEUR

A SES

CONCITOYENS.

Mes chers compatriotes,

Ce n'est pas de notre comice agricole que je veux causer aujourd'hui avec vous, ni de nos chemins vicinaux, ni de notre marché ; c'est d'un intérêt bien plus important, d'un intérêt qui comprend tous ceux-là et beaucoup d'autres ; je veux vous parler de politique.

Parler de politique ! Eh ! bon Dieu, n'y a-t-il pas déjà assez de gens qui en parlent ? Il n'y en a que trop, et, sans compter les docteurs de notre crû, n'y a-t-il pas à Paris des entrepreneurs qui nous expédient tous les jours des opinions toutes faites, comme on nous envoie des gilets et des habits tout confectionnés, qui, par parenthèse, ne vont presque jamais à notre taille ? Sans doute ; mais je ne puise guère à cette source-là, et voici mes raisons.

Je n'aime pas que l'on vienne me souffler toutes mes idées, comme si je n'étais pas capable d'en avoir une à moi tout seul. Ce n'est pas que je ne demande et que je ne reçoive avec plaisir, dans l'occasion, un bon conseil; mais seulement quand il est franc et désintéressé. Or, ces messieurs de Paris font commerce d'opinions, et, dans toute espèce de commerce, le spéculateur a en vue ses propres intérêts bien plus que ceux du consommateur. D'ailleurs, ces prédicateurs de politique sont trop savants et trop fins pour moi, et je ne peux prendre confiance qu'autant que je comprends bien clairement ce qu'on me dit et le but de celui qui me parle. Enfin, pour ce qui nous touche dans les affaires publiques, avons-nous besoin de tant de précepteurs? Si nous n'avons pas assez d'esprit et d'instruction pour être des hommes d'état, comme ils s'appellent, nous avons au moins du bon sens, et toujours est-il bien sûr que, quant à nos besoins et à nos intérêts propres, nous les connaissons mieux que personne. Causons donc un peu, entre nous et en famille, du gouvernement, sous le rapport du bien ou du mal qui peut en résulter pour nous, et vous verrez que nous n'aurons pas grand'peine à nous entendre.

Quand les affaires vont mal et que nous sommes mécontents, nous nous en prenons aux ministres et au roi lui-même; eh bien! je crois que nous avons tort. Nous avons tort si nous en accusons le roi, car, d'après notre constitution, ce n'est jamais sa faute. Si nous en accusons les ministres, nous n'avons certainement pas tort, et cependant nous avons encore tort d'une certaine façon, car c'est notre faute en même temps que la leur. Cela vous étonne, n'est-ce pas? Laissez-moi vous expliquer la chose comme je l'entends, et vous verrez si cela n'est pas vrai.

Quand nos denrées se vendent mal, que nos chemins sont impraticables, que nos ouvriers sont sans travail, et que le commerce ne va pas; quand nous sommes écrasés de contributions et que le percepteur nous écorche au lieu de nous tondre; quand notre préfet ou notre maire nous tourmente et que le gouvernement ne nous protége pas; quand tout le monde est mécontent et que le pays n'est pas tranquille; en un mot, quand on nous gouverne mal, tout cela ne peut venir que de deux causes : ou les lois sont mauvaises, ou bien les ministres ne les exécutent pas ou les violent.

Si les lois sont mauvaises, qui est-ce qui les fait? qui est-ce qui peut les faire changer? Les députés.

Si les ministres n'exécutent pas les lois, ou s'ils les violent, qui est-ce qui peut résister aux ministres, les forcer à se conduire mieux? qui est-ce qui avertit le roi de les changer? qui est-ce qui les met en accusation? Les députés.

Quand le pays est mal gouverné, c'est donc la faute des députés.

Qui est-ce qui nomme les députés? C'est nous.

Quand le pays est mal gouverné, c'est donc notre faute.

Oui, c'est notre faute, parce que nous n'avons pas bien choisi nos députés. De bons députés tiennent les ministres en bride; ils répètent tout haut nos plaintes;

ils résistent quand on leur propose des choses dange-
reuses ou contraires aux intérêts du pays ; ils refusent
l'argent quand on veut mal l'employer ; ils épluchent
les comptes des ministres ; ils les attaquent ou ils les ac-
cusent quand ils abusent de leur pouvoir pour commet-
tre des injustices, pour violer les lois, pour enrichir
leurs parents et leurs amis, ou pour remplir leur propre
bourse aux dépens de l'état. Ainsi, quand les affaires
vont mal, nous pouvons nous en prendre à nous-
mêmes, et nous dire : Si nous avions choisi de bons
députés, ils appuieraient les ministres dans tout ce
qu'ils feraient de bien, ils les empêcheraient de faire
le mal, et le pays ne serait pas mal gouverné.

Remarquez bien que je ne parle pas du roi : ses ministres sont seuls responsables de tout ce qui se fait ;
il est donc raisonnable qu'il les laisse gouverner à leur
manière tant que les chambres paraissent les approu-
ver et les soutenir. Il peut bien les renvoyer et en
prendre d'autres ; mais, comme il faut que les chambres et le ministère marchent du même pied, le roi
doit attendre prudemment, pour changer ses ministres,
que la majorité des chambres se déclare contre eux.

Ainsi, de quelque côté qu'on se retourne, nous en
revenons toujours aux députés comme à la cause ou au
remède de tout ; nous en revenons toujours à reconnaître que la conservation de nos libertés, la probité et
l'économie dans les finances, la prospérité du pays,
nos intérêts à tous, en un mot la bonne administration de toute la France, tout dépend de nos députés.

Le choix de nos députés est donc une des choses les

plus importantes pour nous; nous ne saurions y prendre trop d'intérêt, y mettre trop d'attention et de soin; c'est notre première affaire. Eh bien! il n'y en a peut-être aucune à laquelle nous mettions plus de paresse, plus d'insouciance et plus de faiblesse!

Comment se font nos élections?

Dès qu'on sait qu'il y aura une élection, les ambitions s'éveillent, les intrigues commencent.

Viennent d'abord, comme éclaireurs, certains journaux de Paris, qui ont, à ce qu'il paraît, l'entreprise générale de la fourniture des hommes d'état. Ils s'empressent obligeamment de nous offrir ce qu'il nous faut; ils le savent mieux que nous; ils connaissent nos intentions mieux que nous-mêmes; et bientôt on voit paraître dans ces journaux de petits articles ainsi conçus : « Dans l'arrondissement de ..... les électeurs « constitutionnels (car tout le monde est constitution- « nel ce jour-là) se proposent d'élire M. un tel pour « leur représentant. » Suit un bel éloge de ce monsieur, fait par lui-même ou par un de ses amis; voilà le premier hameçon jeté.

Ensuite, il y a des départements où M. le sous-préfet et M. le préfet se rappellent tout-à-coup qu'ils doivent visiter le pays pour quelques affaires d'administration. Ils font leur tournée l'un après l'autre avec beaucoup de zèle; ils parcourent tous les cantons, ils reçoivent toutes les réclamations; jamais ils n'ont été si soigneux, si polis, si prévenants. Quelque difficile que soit une chose, vous pouvez la demander, ils ne vous rebuteront pas. Tout au plus pourront-ils vous

répondre : « Nous verrons, j'examinerai ou j'appuie-
« rai votre demande avec beaucoup d'intérêt. » Mais,
pour l'exécution, ils vous ajourneront après l'élection.
Bientôt, tout naturellement, en causant, ils vous par-
leront de l'élection prochaine. « Eh bien! qui se pro-
« pose-t-on de nommer ici? — Mais nous ne savons
« pas encore. — Oh! vous ne serez pas embarrassés;
« vous avez M. un tel qui sera un excellent député,
« qui rendra de grands services au pays, etc. » Voilà
comment on cherche à nous mener, sans faire semblant de rien. Avec les agents du gouvernement ou
avec les hommes qui en dépendent, on prend moins
de précautions; on leur désigne sans façon le candidat
que le ministère protége, et on leur prescrit de voter et
d'agir pour lui; on fait des promesses, quelquefois
même des menaces, et l'intrigue se monte.

L'époque de l'élection approche; alors les mission-
naires de chaque parti se mettent en campagne : les
candidats viennent eux-mêmes se faire voir et plaider
leur cause.

Le protégé du ministère promet monts et merveilles;
il emploiera pour vous tout son crédit. Votre com-
mune a-t-elle besoin d'un chemin, d'un marché, d'un
secours pour quelque objet que ce soit? Sollicitez-vous
un emploi, une décoration, une faveur quelconque?
Nommez-le député, il vous fera obtenir tout cela : les
ministres ne lui refusent rien; il a dans sa poche des
brevets en blanc de demi-bourses dans les colléges, de
surnumérariat dans les administrations, etc. Et cependant ne croyez pas que ce soit un homme vendu! Non,
il est ami de la liberté autant que qui que ce soit, et sa

profession de foi est aussi libérale qu'on peut le désirer :
relisez-la, vous n'y trouverez pas un mot qui choque
vos idées ou qui vous inspire le moindre soupçon.

Le candidat de l'opposition se présente d'une tout
autre manière : celui-là nous prend par la crainte et
par les sentiments. Écoutez-le : « La France est dans
« le plus grand danger ; nous marchons vers un abî-
« me. Le gouvernement trahit la cause de la révolu-
« tion : à l'intérieur, il menace toutes nos libertés, il
« viole la Charte et nos droits ; à l'extérieur, il sacrifie
« la dignité et les intérêts de la France. Le ministère
« fait tant de fautes, qu'il est nécessairement ou per-
« fide ou incapable. Il faut donc nommer des députés
« patriotes qui s'opposent avec fermeté à ses mauvais
« desseins, qui renversent cette administration déplo-
« rable, et fassent triompher la cause nationale en ap-
« pelant au gouvernement les vrais défenseurs des
« intérêts populaires. » C'est la répétition de ce que
nous lisons tous les jours dans les journaux d'opposition.

Enfin, le moment décisif arrive ; le collège électoral
va s'assembler. Chaque parti a déjà répandu par cen-
taines de petits écrits dans lesquels le candidat opposé
est critiqué, diffamé, calomnié, pendant que le sien
est couvert d'éloges. Maintenant chacun redouble
d'activité ; les meneurs s'agitent et se croisent dans
tous les sens : les uns vont jusque dans les villages
faire la chasse aux électeurs paresseux ; ils leur offrent
des voitures pour les amener, le logement et la table
au chef-lieu ; d'autres nous guettent à notre arrivée
pour nous prêcher et nous enrégimenter ; d'autres se

tiennent à la porte du collége ou auprès de la table, et nous distribuent des petits papiers sur lesquels est écrit le nom d'un candidat, probablement pour que nous ne fassions pas de fautes d'orthographe. En un mot, c'est une espèce de persécution que nous éprouvons pendant toute la durée de l'élection, qui devient ainsi pour nous autres une véritable corvée.

Je vous le demande, mes chers compatriotes, n'est-ce pas ainsi que se font beaucoup d'élections? Vous en avez été témoins plus d'une fois, et vous pouvez juger si j'exagère, si tout cela ne se passe pas exactement comme je viens de vous le dire. Et tant que nous serons assez bons pour nous y prêter, cela sera toujours de même ; car, dans cette comédie électorale, tout le monde joue bien son rôle selon ses intérêts, excepté nous.

Les journalistes font leur métier : en général, un journal est une entreprise commerciale, une spéculation sur l'opinion et sur les passions, comme nous en faisons sur les laines et les cotons. A ce métier-là, on gagne de l'argent, et on peut, par dessus le marché, faire une fortune politique. Chacun de ces journaux a son chef qu'il tâche de faire arriver à un ministère ou du moins à quelque place élevée, parce qu'une fois parvenu, ce chef tendra la main à ceux qui l'ont aidé, et les fera monter à sa suite en leur distribuant l'argent, les places et les honneurs. Quant aux journaux ministériels, leurs chefs sont déjà parvenus ; ils s'efforcent de les maintenir en place : d'ailleurs ils reçoivent tant par mois pour soutenir les ministres, il faut bien qu'ils gagnent leur salaire.

Les sous-préfets et les préfets qui se permettent ces petites intrigues font leur métier. Si le candidat de l'opposition était élu, le ministère pourrait bien les accuser d'être infidèles ou maladroits; ils seraient mal notés, peut-être même disgraciés ou destitués. Si, au contraire, ils font nommer le candidat ministériel, ils obtiendront en récompense des éloges, de l'avancement et des faveurs.

Les candidats jouent leur jeu. Celui du ministère espère bien que la qualité de député l'aidera à faire son chemin, à augmenter sa fortune, à placer ses enfants ou ses parents. Le candidat de l'opposition chaude sait bien que ce rôle a aussi ses avantages. L'un y acquerra une popularité qu'il pourra exploiter plus tard, quand on changera de système; l'autre attirera les yeux sur lui et deviendra le journaliste en crédit, l'avocat favori, le banquier ou l'homme d'affaires privilégié du parti; quelques-uns même calculent peut-être que c'est une position dont on peut tirer parti quand le gouvernement est disposé à faire des sacrifices pour conquérir un adversaire qui a du talent ou de l'influence : que voulez-vous? cela s'est vu !

Les notables qui se prêtent à servir les candidats jouent aussi leur jeu; car les uns comptent bien exploiter pour eux-mêmes le crédit du député qu'ils font élire, et les autres satisfont, en combattant le gouvernement et l'autorité, leurs intérêts particuliers, leurs jalousies, leurs rancunes, ou les autres passions qui les animent.

Il n'y a que nous qui ne fassions pas notre métier;

nous qui n'avons pas envie d'être ministres, direc-
teurs-généraux, conseillers d'état ou préfets; nous qui
ne désirons pas même une perception, un emploi
quelconque, une décoration ou un bureau de tabac, et
qui n'avons d'autre intérêt dans toute cette affaire que
celui de la tranquillité et de la prospérité du pays.
Voilà le député nommé, qu'arrive-t-il ?

Si c'est le candidat du ministère, ou il est tout-à-fait
dépendant des ministres, ou bien il faut renoncer à
son crédit si vanté et à toutes ses belles promesses. Ici-
bas, on ne fait rien pour rien; si les ministres lui ac-
cordent des faveurs, c'est qu'ils comptent en revanche
sur un peu de complaisance de sa part. Ainsi, nous
aurons un bon député quand le ministère sera bon, et
nous en aurons un mauvais précisément quand il serait le plus nécessaire d'en avoir un bon, c'est-à-dire
quand le ministère sera mauvais, ce qui se voit quelquefois.

Si c'est un candidat d'opposition qui est élu, il ne
pense qu'à satisfaire son desir de célébrité ou de popularité, les passions ou les intérêts qui l'ont jeté dans ce
parti-là; il n'a d'autre système que de contrarier, à
tort ou à raison, tous les ministres, d'entraver le gouvernement et de lui créer des obstacles pour l'empê-
cher de marcher. Alors nous sommes représentés par
un député qui, dans le cas où un ministre proposerait
une chose juste et vraiment utile ou avantageuse pour
nos intérêts, la repousserait uniquement pour ne pas
voter une seule fois avec le ministère; ou bien, s'il
prend le parti de faire sa paix avec les ministres, c'est
nous qui payons les frais du traité.

Voilà le résultat d'un bon nombre de nos élections : cela n'est-il pas déplorable? N'est-il pas honteux pour nous, qui avons un si grand intérêt à faire de bons choix, de nous laisser mener comme des imbécilles, de contribuer nous-mêmes à faire ces choix dans des intérêts particuliers, et de servir d'instruments à quelques ambitieux en leur prêtant nos épaules pour les aider à monter? En vérité, quand ces prédicateurs politiques nous voient prendre au sérieux leurs belles phrases et leur patriotisme d'occasion, et leur servir complaisamment de marchepied, n'ont-ils pas raison de se frotter les mains et de se moquer de nous?

Il faudrait, mes amis, cesser enfin d'être dupes et faire nos affaires nous-mêmes. Si vous êtes de cet avis, nous allons examiner d'abord quelles sont les qualités nécessaires pour faire un bon député; après, nous verrons comment il faut nous y prendre pour le trouver et le nommer.

Avant tout, il faut que notre député ait une opinion politique franche et sincère; que cette opinion soit chez lui une espèce de religion et de foi; et que sa conduite passée nous garantisse sa conviction et sa loyauté : il faut qu'il soit partisan déclaré de la Charte et du trône de juillet, et ami de l'ordre autant que de la liberté. On ne devrait pas même avoir besoin de dire cela ; il est trop évident que ce n'est ni un carliste, ni un républicain qu'il faut appeler pour défendre la révolution et la monarchie constitutionnelle de 1830; il faudrait être fou pour confier la défense de sa cause à l'avoué de la partie adverse.

Après cette condition essentielle, la première qua-

lité pour être un bon député, c'est d'être un parfait honnête homme, parce qu'il n'y a que les honnêtes gens qui soient vraiment indépendants et qui méritent toute notre confiance. Si notre député est un homme franc, d'une probité éprouvée, nous n'aurons jamais à craindre qu'il nous manque de parole, qu'il trahisse nos intérêts, et qu'avec de l'argent ou des faveurs on le fasse parler et voter contre sa conscience. On nous dit souvent : « Voilà tel proprié-
« taire ou tel négociant qui a 40, 60, 100,000 fr. de
« rente ; voilà tel notable qui n'exerce aucun emploi
« et ne reçoit rien sur le budget ; voilà tel juge ou tel
« conseiller qui est inamovible : ceux-là sont bien cer-
« tainement indépendants. » Je le crois volontiers ; mais il est très-possible qu'ils ne le soient pas. Si le riche propriétaire a l'ambition de devenir préfet ; si le négociant souhaite une entreprise ; si l'avocat veut être procureur du roi ; si le juge où le conseiller est impatient de devenir président ; si les uns et les autres désirent des honneurs et des décorations pour eux, des places ou des faveurs pour leur famille, ils seront obligés de ménager les ministres, de leur faire la cour ; ils seront dépendants. Celui qui ne l'est pas aujourd'hui peut le devenir. Calculons un peu : un avocat, un notaire, un médecin, qui sont nommés députés, sont obligés d'aller passer à Paris la moitié de l'année ; pendant leur absence, leurs clients, leurs malades ne peuvent pas attendre leur retour et s'adressent à d'autres. Quand le député revient au pays, il a perdu sa clientelle ; que deviendra-t-il, s'il n'a pas d'autre fortune que sa profession ? Il faut bien qu'il cherche à se dédommager, à se créer d'autres ressources pour remplacer celles qu'il perd. Consentira-t-il à se ruiner lui et sa famille par

pur esprit de patriotisme ? Cela serait bien beau, mais c'est très-rare.

Ce qui fait la véritable indépendance d'un homme de bien, c'est son caractère et sa conscience bien plus que sa position et sa fortune. Voyez notre procureur du roi ; il a fort peu de bien ; on peut le destituer à volonté ; cependant nous savons tous que le plus riche plaideur, en lui offrant un million, le gouvernement en le menaçant de le casser, ne pourraient jamais obtenir de lui qu'il parlât ou qu'il agît contre sa conscience. En 1830, quand les fameuses ordonnances de Charles X ont paru, il a donné sa démission. Eh bien ! les gens de cette trempe-là sont les plus indépendants de tous les hommes.

Enfin, ce n'est pas encore assez d'être un franc constitutionnel, un parfait honnête homme, il faut de plus qu'un député entende assez bien les affaires publiques pour comprendre les questions qui se discutent à la chambre, juger les propositions qu'on y fait, et savoir pourquoi il vote. S'il n'a pas assez d'instruction et d'expérience pour cela, il se lèvera et s'assiéra comme une machine, et adoptera toujours au hasard l'avis du premier de ses voisins qui saura le manier. Les ministres aiment assez cette espèce de députés-là, parce qu'ils les font endoctriner par leurs affidés, et qu'ils les mènent comme ils veulent. Or, on peut être un propriétaire ou un négociant fort estimable sans comprendre autre chose que la culture ou l'industrie qu'on pratique ; on peut être un fort bon avocat, avoué ou notaire, sans entendre autre chose que le droit et la procédure ; et pour être bon député, ce sont les af-

faires publiques, les besoins du pays qu'il faut connaî-
tre. Quand même un député ne saurait pas faire de
longs et beaux discours, peu importe; il y a bien
assez de parleurs : l'essentiel est qu'il ait du bon sens,
de la bonne foi, de l'expérience, et qu'il vote bien et
en conscience.

Vous me direz peut-être que voilà bien des conditions pour faire un bon député et qu'il n'est pas facile
de trouver toutes ces qualités réunies? Je le sais bien,
mais c'est précisément parce que cela est difficile et
parce que nous ne prenons pas la peine de chercher
nous-mêmes qu'il y a si peu de bons députés. Voyons
donc comment nous pourrions faire.

D'abord il faut s'en occuper long-temps à l'avance
pour trouver un homme qui nous convienne bien. Cet
homme-là, il faut le chercher, parce qu'il est rare que
celui qui mérite le mieux notre choix vienne s'offrir
lui-même; ceux qui feraient précisément les meilleurs
députés ne savent guère se faire valoir, se faire prô-
ner et quêter des votes; ils n'intriguent pas et se tiennent plutôt modestement à l'écart. Il faut aller au-de-
vant d'eux pour les avoir. Il y en a cependant quelquefois qui se mettent en avant, mais dans ce cas-là regar-
dons-y de près. Lorsque nous voyons un homme se
faire indiquer avec de grands éloges par les journaux,
nous envoyer des brochures où il dit du mal de ses
concurrents, nous faire des visites, des compliments
et de grandes promesses, il y a dix à parier contre un
que c'est pour son intérêt bien plus que pour le nôtre
qu'il désire être élu, et plus il y met d'activité, plus il
faut l'examiner à fond. Le plus sûr est toujours de

choisir parmi ceux que nous connaissons bien par nous-mêmes ou par des concitoyens en qui nous avons toute confiance.

Cherchons donc autour de nous un homme tel qu'il nous le faut pour nous représenter. Qu'il soit riche ou non, fonctionnaire ou non, peu importe pourvu qu'il soit : 1° franchement et loyalement constitutionnel selon l'évangile de juillet; 2° parfait honnête homme sous tous les rapports : ces deux conditions-là sont indispensables; 3° enfin, autant que possible, homme de talent, et connaissant bien les intérêts et les besoins du pays. Parmi ceux qui remplissent ces conditions, s'il y en a un qui ait déjà fait ses preuves, qui se soit fait remarquer par des traits de désintéressement et de vrai patriotisme, par exemple, un propriétaire ou un industriel qui ait fait de grands sacrifices pour le bien du pays, un fonctionnaire qui ait couru des dangers ou sacrifié sa place pour rester fidèle à la Charte et à ses devoirs, celui-là mérite la préférence, parce qu'il est déjà éprouvé.

Peut-être ne trouverons-nous pas dans notre canton et même dans notre arrondissement ce que nous cherchons; car ces hommes-là sont assez rares. Dans ce cas il faudrait le chercher dans les autres arrondissements, dans les départements voisins, jusqu'à Paris, si on ne le trouve pas plus près. S'il y a tant de députés incapables ou mal choisis, c'est surtout parce que dans nos arrondissements nous avons en général la manie de ne vouloir pour notre représentant qu'un homme du terroir. C'est mal juger et mal calculer. D'abord il ne s'agit pas ici de gloriole, il s'agit de nos intérêts les plus importants qu'il ne faut remettre qu'en bonnes mains; mais quand même nous y mettrions de l'amour-propre, ne donnerions-nous pas meilleure idée de nous en choisissant, pour nous représenter, un homme de mérite d'un autre département, qu'en envoyant à la chambre, comme échantillon du pays, un homme sans talent ou sans conscience politique? Prenons donc l'homme où il se trouvera, pourvu qu'il soit ce qu'il nous faut.

Ce n'est pas tout de faire son choix en conscience; si chacun de nous allait à l'élection avec son idée, sans en parler aux autres électeurs, huit voteraient pour Jean, dix pour Pierre, six pour Jacques, sept pour Paul; ce serait une confusion, et ces votes éparpillés n'auraient aucun résultat, tandis que nos adversaires, qui seraient d'accord entre eux, pourraient bien profiter de notre division et faire élire quelque intrigant.

Il faudrait donc dans chaque canton causer d'abord de cela entre nous, nous communiquer nos idées, nos observations, et faire une liste des candidats qui nous paraîtraient les meilleurs. Après cela nous nous mettrions en rapport avec les bons électeurs des autres cantons, nous leur montrerions notre liste, nous examinerions la leur, enfin nous nous concerterions avec eux pour reconnaître quel serait le candidat le plus digne de tous, et nous engager à lui donner toutes nos voix. Tout cela il faudrait le faire nous-mêmes, en famille, sans intermédiaires, sans courtiers, sans inviter les autorités à s'en mêler; en un mot avec une entière indépendance et en pleine liberté, comme devrait toujours se faire une élection.

Une fois que nous serions définitivement d'accord
sur le choix de notre candidat, et que nous serions as-
surés de son consentement, nous prendrions entre
nous et sur parole l'engagement de ne donner qu'à lui
toutes nos voix, et alors nous n'aurions plus d'autre
souci que de fermer les oreilles à toutes les intrigues et
les sollicitations qui nous poursuivent aux approches de
l'élection. Cela n'est pas bien embarrassant ; les journaux
nous recommanderont avec de grands éloges le candidat
du ministère, le candidat de l'opposition, le candidat de
telle ou telle coterie ; en lisant notre journal nous nous
rappellerons que c'est un courtier qui vante sa marchan-
dise. Si M. le sous-préfet et M. le préfet s'en mêlent et
viennent nous tâter et nous prêcher, nous les laisserons
dire et nous ne répondrons rien ; si les candidats, les com-
mis-voyageurs d'élection ou les meneurs du pays viennent nous voir et nous solliciter, nous leur répondrons
bien poliment que nous avons déjà pris des engagements
et donné notre parole. Ainsi nous nous débarrasserons
de toutes ces persécutions.

Au moment de l'élection, il faudra nous rendre
exactement au collége électoral ; point de paresse, point
de mauvaises excuses ; quand même nous aurions des
affaires autre part, il faut les remettre à un autre jour,
car l'élection c'est notre première affaire, c'est notre
principal intérêt ; n'acceptons ni les voitures ni les dî-
ners que nous offriraient des personnes autres que nos
vrais amis qui votent avec nous ; conservons toute
notre indépendance, rejetons les petits bulletins qu'on
nous présentera, fermons les oreilles aux belles paroles
des solliciteurs, aux mensonges et aux calomnies des
intrigans ; restons unis et donnons toutes nos voix au

candidat que nous aurons choisi d'avance et d'un com-
mun accord; de cette manière nous serons sûrs d'avoir
en grande majorité de bons députés; et plût à Dieu
que dans toute la France on eût toujours fait ainsi!
nous nous en serions mieux trouvés et nous serions
plus avancés et plus heureux que nous ne le sommes.

En voilà bien long sur ce chapitre-là, me direz-vous;
mais, encore une fois, c'est qu'il s'agit d'un de nos
plus grands intérêts; d'ailleurs, convenez avec moi,
mes amis, qu'il est désespérant de voir qu'en France,
chartes, institutions, lois, gouvernement représen-
tatif, tout dégénère en mauvaises plaisanteries et en
véritables mystifications; et cela par notre faute! que
les intrigants de toutes les couleurs réussissent presque
toujours, et cela par l'indolence ou la couardise des
honnêtes gens! Nous avons le courage de la boutade et
du coup de collier; mais de la persévérance, de la fermeté constante, nous n'en avons jamais eu, du moins
jusqu'à présent. Rappelons-nous ce qui s'est passé depuis cinquante ans. En 1790, pour secouer un fardeau
qui était devenu insupportable, on s'est levé en masse,
on a tout balayé d'un coup de main, on a conquis la
liberté; mais on ne sut pas bien choisir ceux à qui on
en confia la garde, et bientôt tout fut envahi par les
brouillons, par les intrigants et enfin par les bourreaux! oui, par des bourreaux qui déclaraient suspects
et guillotinaient tous ceux qu'ils voulaient perdre ou
dépouiller, et les honnêtes gens se laissaient fau-
cher et égorger tranquillement, comme des moutons,
sans essayer seulement de se défendre. Après vint le
règne des faiseurs d'affaires, autrement dit des pillards,
sous le directoire. Enfin, pour rétablir un peu d'ordre,

il fallut tendre de nouveau le cou au pouvoir absolu. Vint la soi-disant restauration qui, tout en faisant semblant de nous accorder des libertés, faisait tous ses efforts pour nous ramener en arrière et rétablir les anciens abus; les acquéreurs de domaines nationaux étaient inquiétés et insultés; les priviléges reparaissaient l'un après l'autre; les prêtres reprenaient l'autorité et commandaient partout. Étions-nous de cet avis-là, nous autres? non, certainement! nos principes et nos intérêts étaient tout opposés. Eh bien! nous avions la bonhomie d'élire et d'envoyer à la chambre une majorité de députés qui voulaient tout cela, qui votaient à leur propre bénéfice et à nos dépens des abus, des priviléges et des dépenses énormes. En définitive ils ont escamoté tout-à-fait la Charte; pour le coup, nous nous sommes fâchés tout de bon, et en trois jours nous avons définitivement chassé la restauration à coups de fusil. Depuis lors, depuis six ans, nous avons bien une liberté entière, nous jouissons de tous les droits du citoyen, nous avons l'expérience du passé; eh bien! nous n'allons pas même aux élections, ou bien nous y votons avec faiblesse ou insouciance! Aussi voyez si les affaires vont comme elles devraient aller?

Il y a trop long-temps que nous faisons le métier de dupes et que nous servons d'instruments à des ambitieux de toute espèce qui se jouent et se moquent de nous. Sortons enfin de cette ornière, ne nous laissons plus mener comme des enfants, et marchons sans lisières. Pourquoi nous sommes-nous tant donné de mal et avons-nous tant combattu? Pour acquérir la liberté? usons de notre liberté. Pour prendre part aux affaires publiques? montrons que nous sommes capables de faire avec bon sens et jugement ce que la loi nous charge de faire. Pour avoir le droit de nommer nos représentants? choisissons-les nous-mêmes.

Je sais bien qu'il y a des électeurs qui, en raison de leur position ou de leur profession, sont exposés à une certaine dépendance; je sais, par exemple, que si un propriétaire demande à son fermier de voter pour lui ou pour un homme de son parti, le fermier en refusant s'expose à des tracasseries, peut-être même à ce qu'on lui refuse de renouveler son bail; je sais qu'il en est à peu près de même du marchand vis-à-vis de son fabricant ou de son banquier qui peut lui occasioner des embarras et lui retirer son crédit; que l'avocat, l'avoué, le notaire, le médecin s'exposent à perdre un client, le maître-ouvrier une bonne pratique. Mais d'abord tout le monde n'est pas méchant au point de se venger ainsi du refus d'un vote; ensuite, quand on a de l'honneur et que l'on veut la liberté, il faut savoir faire quelques sacrifices pour les conserver, et non pas les vendre pour quelques écus; enfin il est très-possible qu'en pareil cas notre intérêt bien entendu soit de résister et que notre complaisance soit notre ruine. Si les députés ainsi élus, grâce à notre faiblesse, et dévoués à des intérêts tout opposés aux nôtres, altèrent la constitution, établissent des priviléges ou des monopoles, sacrifient la petite propriété à la grande et le petit commerce au grand, s'ils accablent d'impôts telle culture ou telle industrie pour en favoriser d'autres, votent de mauvaises lois sur les grains ou sur les douanes, en un mot, s'ils font des lois qui nous ruinent, ne nous en coûtera-t-il pas beaucoup plus cher que si nous avions perdu seulement la ferme du grand propriétaire, le crédit du fabricant ou du banquier, la clientelle ou la pratique d'une bonne maison? Vous voyez donc que notre intérêt bien entendu nous commande tout aussi bien que notre devoir d'agir dans cette occasion en bons citoyens, en hommes libres et indépendants.

Voilà, mes chers compatriotes, les réflexions que j'ai faites vingt fois, en assistant à certaines élections qui n'étaient que des fictions ridicules, de véritables représentations à bénéfice. J'ai voulu vous communiquer ces observations afin que vous pussiez réfléchir là-dessus tout à votre aise et en dire votre avis. Si vous les trouvez justes, lisez-les à vos concitoyens, faites-les imprimer et répandre par milliers si vous voulez : on ne peut jamais trop publier la vérité, surtout lorsqu'il pleut de tous côtés des intrigues et des mensonges. Êtes-vous, comme moi, honteux du sot rôle de dupes que nous jouons trop souvent? Êtes-vous, comme moi, las de nous voir parquer et mener aux élections par quelques spéculateurs ambitieux, comme on mène les moutons à la foire ou les bœufs au travail? Êtes-vous convaincus qu'il dépend de nous de faire marcher le gouvernement comme il faut, et que pour cela il suffit que nous votions librement et en conscience et que nous choisissions nous-mêmes des gens honnêtes et sûrs pour faire nos affaires et nous représenter? Si vous en êtes convaincus comme moi, concertons-nous d'avance pour les premières élections; de l'union et de la fermeté, et nous l'emporterons sur toutes les ambitions et toutes les intrigues, parce qu'en France les méchants ne sont pas en majorité, et que la justice et la vérité finiront toujours par y triompher dès que les honnêtes gens le voudront bien.